동화로 읽고 명화로 보는 그리스 로마 신화

태양 수레를 모는 파에톤

글·김현숙 | 그림·임신자

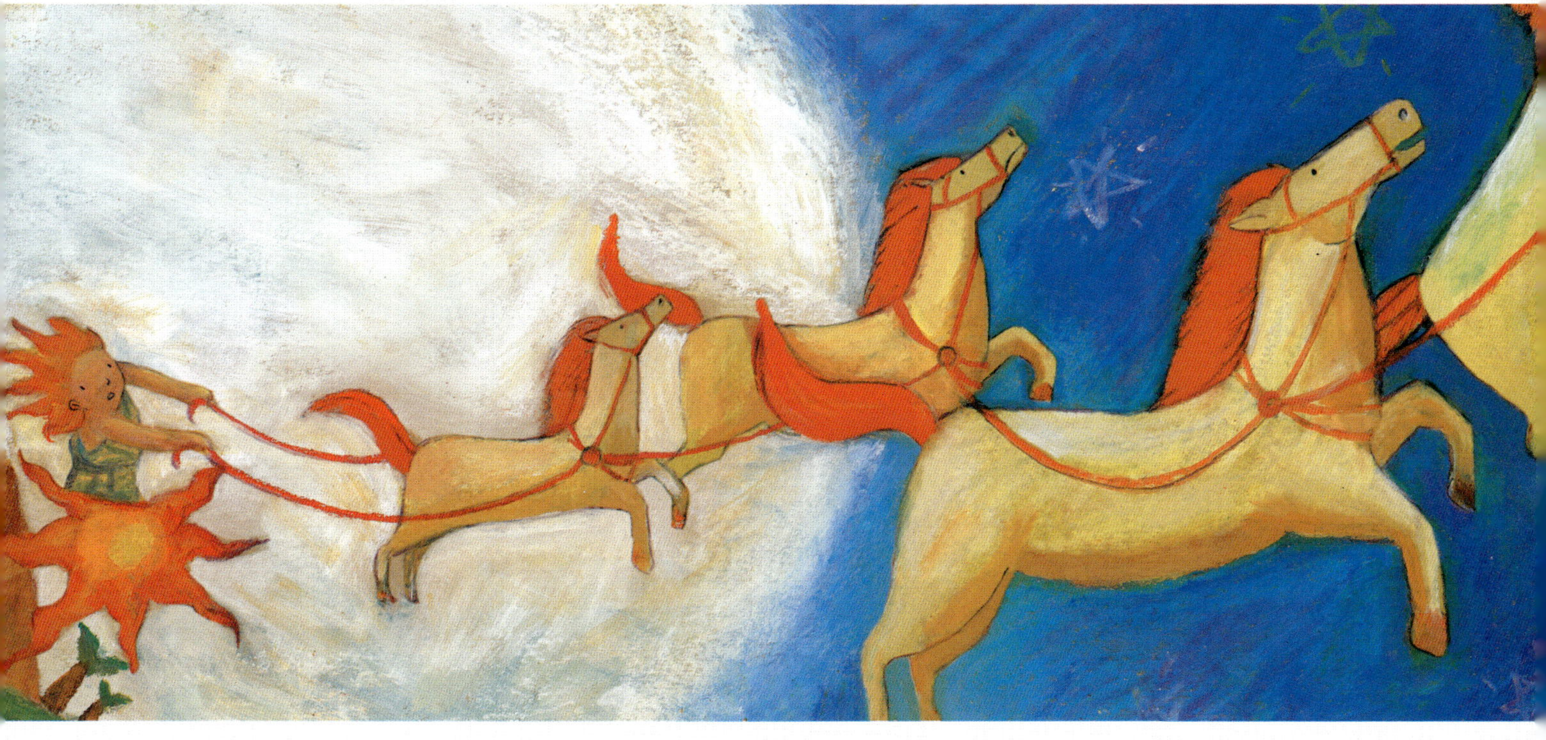

도서출판 고래

"거짓말쟁이. 너는 태양신의 아들이 아니야!"
아이들이 파에톤을 놀리고 있었어요.
파에톤은 얼굴이 빨갛게 변한 채 대답했어요.
"아냐! 우리 엄마가 나는 태양신의 아들이랬어!"
파에톤은 눈물을 글썽이며 집으로 돌아갔어요.

"엄마! 내가 정말 태양신의 아들이에요?"
"정말이고말고."
"그럼 아버지는 어디 계세요? 아버지를 만나고 싶어요."
"저기 창밖으로 보이는 길을 따라가면 된단다."
파에톤은 엄마 말을 듣자마자 곧 길을 떠났어요.

태양신이 사는 신전은 하늘 높이 솟아 있었어요.
파에톤은 은으로 된 신전 문을 열었어요.
문이 열리자, 밝은 빛이 퍼져 나오며
아폴론이 나타났어요.
"너는 내 아들 파에톤이구나!
무슨 일로 여기까지 왔느냐?"

신화 박사

파에톤의 진짜 아버지는 누구일까?

신화 전문가로 유명한 토머스 벌핀치는 파에톤이 아폴론의 아들이라고 이야기해요. 하지만 또 다른 신화 전문가들은 파에톤이 아폴론이 아닌 헬리오스의 아들이라고 말하지요. 왜냐하면 아폴론이 헬리오스의 뒤를 이어 태양신이 된 건 먼 훗날의 일이기 때문이에요. 그러나 대부분의 신화 전문가들은 파에톤이 아폴론의 아들이라는 벌핀치의 주장을 받아들이고 있어요.

헬리오스

"태양신께서 정말 저의 아버지인가요?"
아폴론은 파에톤을 가까이 불러
그렇다고 말해 주었어요.
"그럼 제 소원을 들어주세요!
소원을 들어주면 아버지라고 믿겠어요."
아폴론은 파에톤에게 소원이 무엇인지 물어보았어요.
"태양 수레를 몰아 보고 싶어요."

"뭐, 뭐라고? 얘야, 그것만은 안 돼."
아버지 태양신은 그만 얼굴이 파랗게 질렸어요.
태양 수레는 위험한 마차였어요.
그래서 신들의 왕인 제우스도 몰 수 없었어요.
"아버지라면서요!"
아폴론은 파에톤을 달랬지만, 파에톤은 계속 졸랐어요.

"힘이 약한 네가 몰다가 하늘 밑으로
떨어지면 어떡하니?"
"태양 수레를 몰고 가서 아이들에게
보여 주고 싶어요."
아폴론은 한숨을 쉬며 파에톤을
마구간으로 데려갔어요.
아폴론을 본 하늘 말들이 울부짖었어요.
그러자 뜨거운 불길이 번져 나왔어요.
아버지는 아들이 불길에 데이지 않도록
약을 발라 주었어요.

아버지는 마차 모는 법을 일러 주었어요.
"말고삐를 힘껏 잡아라.
그래야 말들이 날뛰지 않는단다.
너무 높게 날면 하늘나라에 불이 붙고,
너무 낮게 날면 땅의 나라들이 불에 탄단다."
아버지의 설명을 들으며 파에톤은 잘할 수
있다고 생각했어요.

네 마리의 말이 하늘로 힘차게 날아올랐어요.
파에톤이 탄 수레는 높은 하늘로 치솟았어요.
아들 파에톤이 아버지 아폴론보다 가벼웠기 때문이에요.
그런데 큰일 났어요! 말들이 제멋대로 나는 거예요.
너무 놀란 파에톤은 말고삐를 조이는 것도 잊고 말았어요.

이번에는 말들이 땅으로
곤두박질치듯이 낮게 날았어요.
그러자 땅에 있는 산들이
훨훨 불타올랐어요.
바다가 말라 드넓은 사막이
되었어요.
태양 수레가 에티오피아라는
나라 위로 날아갔어요.
그때 새까맣게 그을린 에티오피아 사람들은
지금도 까만 피부를 가지고 있어요.

파에톤은 겁에 질려 꼼짝도 하지 못했어요.
땅에서 뜨거운 김이 솟아올라 파에톤을 괴롭혔어요.
따끔따끔 쏘아 대는 불똥*과 답답한 연기도 견딜 수 없었어요.

＊불똥 : 불에 타고 있는 물건에서 튀어나오는 아주 작은 불덩이.

"아버지, 제가 잘못했어요."
파에톤은 눈물을 흘리며 후회했지만,
아무 소용이 없었어요.

제우스의 벼락을 맞은 파에톤의 태양 수레

태양 수레가 함부로 달리자 온통 난리였어요.
사람들뿐만 아니라 신들도 견딜 수가 없었어요.
그중에서도 땅의 여신이 가장 괴로웠어요.
땅의 여신은 제우스를 찾아갔어요.
"제우스 님, 뜨겁고 목이 말라
더 이상 견딜 수가 없어요."

신화 박사

파에톤이 지구에 남긴 흔적

파에톤이 태양 수레를 타고 달리다가 지구에 남긴 흔적이 있대요. 신화에 따르면, 파에톤이 탄 태양 수레가 지구 가까이 왔을 때 풀과 나무가 불타 버려 땅이 메마르게 되었대요. 이때 생긴 지형이 사막이지요. 반대로 지구와 떨어져 달릴 때에는 땅과 물이 꽁꽁 얼어붙어 추운 극지방이 만들어졌다고 해요.

추락하는 파에톤

제우스는 파에톤에게 벼락 하나를 날렸어요.
벼락을 맞은 파에톤은 태양 수레에서
거꾸로 떨어졌어요.
아버지 아폴론도 어쩔 수 없었어요.
요정들은 파에톤의 무덤을 만들고 이렇게 썼어요.
'용감한 파에톤, 여기에 잠들다.'

태양 수레를 모는 **파에톤**

'파이톤'이라고도 불리는 파에톤은 그리스 어로 '빛나는' 혹은 '눈부신'이란 뜻을 가지고 있어요.

한편, 파에톤의 아버지가 태양신 헬리오스라는 이야기도 있고, 아폴론이라는 이야기도 전해지지요. 이러한 이유는 그리스 신화가 구전 설화(입에서 입으로 전해져 오는 설화)여서 이야기가 조금씩 다르게 전해지기 때문이에요.

이 때문에 파에톤의 아버지가 책에 따라 아폴론이 되기도 하고, 헬리오스가 되기도 하는 것이랍니다.

파에톤은 스스로를 태양신의 아들이라고 여기고 그 사실을 친구들에게 자랑했어요. 하지만 친구들은 그 말을 믿지 않고, 오히려 파에톤을 거짓말쟁이라고 놀렸지요. 그러면서 그것이 사실이라면 태양신을 상징하는 태양 수레를 몰고 하늘을 날아 보라고 했답니다.

풀이 죽은 파에톤은 집으로 돌아와 어머니에게 자신이 정말 태양신의 아들이 맞느냐고 다시 물어보았어요. 그러자 어머니가 태양신의 아들이 맞다고 했지요.

이에 파에톤은 아버지 아폴론을 찾아갔어요. 아폴론은 그를 반갑게 맞아 주었어요.

파에톤은 아폴론에게 "아폴론 님이 정말 제 아버지가 맞나요?"라고 물었어요. 그러자 아폴론이 고개를 끄덕였지요. 그러고는 저승의 강이면서 맹세의 강이기도 한 스틱스 강의 이름을 걸고 파에톤에게 한 가지 소원을 들어주겠다고 했지요. 이에 파에톤은 태양 수레를 몰아 보게 해 달라고 했어요.

하지만 아폴론은 태양 수레를 모는 일은 아주 위험해서 최고의 신인 제우스도 할 수 없는 일이니 다른 소원을 말하라고 했어요.

하지만 파에톤은 소원을 바꾸지 않았어요. 아폴론은 이미 맹세를 한 터라 결국 그 소원을 들어주어야 했답니다.

대신 아폴론은 파에톤에게 태양 수레를 몰 때 주의해야 할 사항에 대해 자세히 말해 주었어요. 하지만 파에톤은 태양 수레를 몰고 하늘을 날 거라는 생각에 아폴론의 말을 귀담아듣지 않았지요.

드디어 파에톤이 태양 수레에 올랐어요. 태양 수레를 끄는 네 마리의 말은 파에톤이 타자 아폴론이 탔을 때보다 무게가 가볍다는 것을 느끼고는 빠른 속도로 돌진했어요.

이에 깜짝 놀란 파에톤이 말들을 통제하는 고삐를 놓쳐 버렸어요.

그러자 말들은 하늘 위로 치솟았다가 땅으로 곤두박질치는 등 제멋대로 날뛰기 시작했지요.

그때 태양 수레의 열기에 강과 바다가 말라 버릴 지경이 되었답니다.

전설에 따르면, 에티오피아 인들의 피부가 검은 것과 리비아에 사막이 생긴 것은 바로 파에톤이 몬 태양 수레 때문이라고 해요. 제우스는 더 이상의 피해를 막기 위해 파에톤에게 번개를 던져 죽게 했어요.

이내 그의 시신이 강에 떨어지자 물의 요정들이 그것을 거두어 묻어 주고, 비문을 새겨 주었지요.

한편, 파에톤의 누이들은 그의 죽음을 슬퍼하다가 강가의 포플러(미루나무)로 변했답니다.

태양 수레를 모는 파에톤

| 파에톤의 추락 (세바스티아노 리치)
신들의 왕인 제우스가 번개를 내리치자 파에톤이 태양 수레와 함께 떨어지고 있어요.

| 파에톤의 추락 (요제프 하인츠)

| 파에톤의 추락 (귀스타브 모로)

| 파에톤의 추락 (루벤스)

GREEK & ROMAN MYTHOLOGY

| 아폴론에게 애원하는 파에톤 (다니엘 그란)
파에톤은 아폴론에게 태양 수레를 몰게 해 달라고 애원하는 모습이나 태양 수레를 몰다가 하늘에서 추락하는 모습으로 그려져요.

| 계절의 여신과 함께 있는 헬리오스와 파에톤 (니콜라스 푸생)

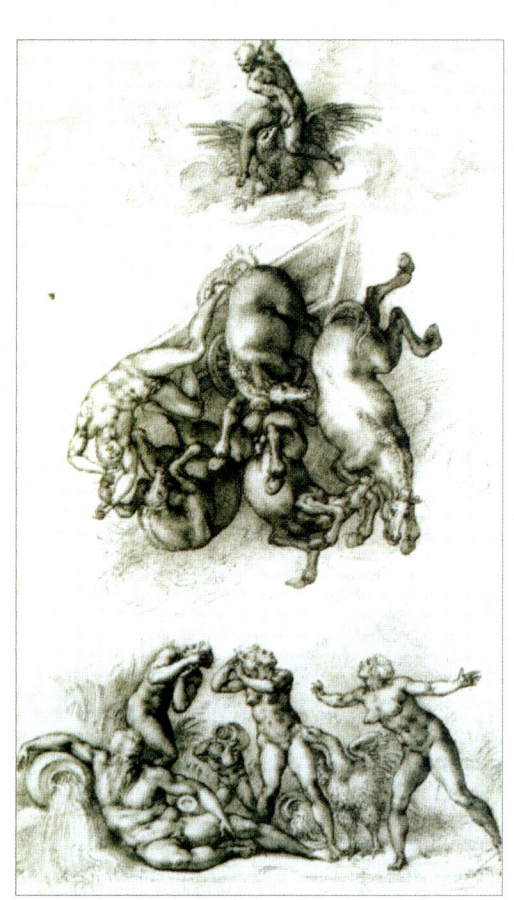

| 파에톤의 추락 (미켈란젤로)

| 추락하는 파에톤 (요한 리스)

또 다른 신화 이야기

사람들의 얼굴색이 달라요

아주 먼 옛날, 위대한 신 니암이 바구니에 흙과 나무, 꽃과 벌레, 동물들을 가득 채워 아름다운 지구를 만든 다음 하늘에 매달아 두었어요.
니암은 자신이 만든 지구가 참으로 마음에 들었지요.
그런데 니암의 몸 안에 있던 작은 요정들은 지구를 볼 수 없어 답답했어요.
그러던 어느 날, 두 요정이 니암의 목을 지나 혀를 미끄럼 타고 입까지 올라왔어요.
"우리도 지구를 구경해 보자!"
그런데 그때! 니암이 재채기를 했어요. 그 바람에 니암의 입속에 있던 작은 요정들이 입 밖으로 튀어나오게 되었지요.
"우아! 멋지다!"
지구에 떨어진 두 요정은 입을 쩍 벌리고 구석구석을 구경했어요.
그러다 마음에 드는 동굴을 발견하고는 그곳에서 살기로 마음먹었지요.
지구에서의 생활은 신 나고, 재미있었어요.
하지만 그것도 얼마 가지 못했지요.
"우리끼리 있으니까 너무 심심해."
한 요정이 슬픈 표정을 짓고 말했어요.
그러자 다른 한 요정이 좋은 생각을 떠올렸어요.
"우리와 똑같이 생긴 사람을 만드는 건 어떨까?"
"그거 정말 좋은 생각인데?"
두 요정은 서둘러 찰흙을 구하러 나갔어요.
질 좋은 찰흙을 구한 두 요정은 자신들의 모습과 똑같은 모양으로 찰흙을 빚은 다음 모닥불에 굽기 시작했어요.
두 요정의 얼굴에는 기대와 설렘이 가득했지요.
그런데 갑자기 지구에 니암이 나타났어요.
"에헴! 잘 지내고 있느냐?"
두 요정은 깜짝 놀라 모닥불을 가렸어요.

| 서아프리카 신화 |

"네. 잘 지내고 있습니다."
한 요정이 떨리는 목소리로 대답했어요.
"그래, 앞으로도 지구를 잘 가꾸어 나가도록 하거라."
두 요정은 니암이 돌아가자마자 모닥불로 가서 찰흙을 꺼내 보았어요.
그런데 그만 너무 오래 구워 까맣게 타고 말았지요.
그래도 두 요정은 찰흙에 생명을 불어넣어 주었지요.
그 뒤로도 니암은 시도 때도 없이 나타나 두 요정이 지구를 잘 가꾸는지 살폈어요.
이에 두 요정이 몰래 굽는 사람은 갈색으로 알맞게 구워지기도 했고, 너무 구워져 까맣게 타기도 했으며 반대로 잘 구워지지 않아 하얀색을 띠는 것도 있었지요.
훗날 두 요정이 만든 사람들은 지구 곳곳에 흩어져 살게 되었어요.
이렇게 해서 각기 다른 피부색을 가진 사람들이 지구에 살게 된 것이지요.

세계의 다양한 인종

밤하늘을 수놓는 반짝반짝 ——
별자리 이야기

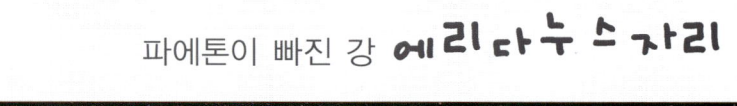

파에톤이 빠진 강 에리다누스자리

파에톤은 자신이 태양신 아폴론의 아들이라며 친구들에게 자랑을 했어요.
하지만 친구들은 파에톤의 말을 믿지 않았지요. 이에 파에톤은 아폴론을 찾아가
태양신을 상징하는 태양 수레를 몰아 보게 해 달라고 부탁했어요.
처음에 아폴론은 태양 수레가 매우 위험했기 때문에 허락하지 않았어요.
하지만 파에톤의 간곡한 부탁에 어쩔 수 없이 태양 수레를 내주었지요.
그러나 결국 아폴론의 걱정대로 파에톤이 태양 수레에서 떨어져 에리다누스 강에
빠지고 말았어요. 그 뒤, 파에톤이 떨어진 에리다누스 강은 오리온자리 서쪽에 길게
늘어진 별자리가 되었답니다.